DA ZERO A CRIPTO

Un Viaggio a Episodi nel Futuro della Finanza

Franca Ceppi

© 2024 Franca Ceppi. Tutti i diritti riservati.

Nessuna parte di questo libro può essere riprodotta, distribuita o trasmessa in alcuna forma o con alcun mezzo, inclusi fotocopie, registrazioni o altri metodi elettronici o meccanici, senza l'autorizzazione scritta dell'autore, ad eccezione di brevi citazioni in recensioni critiche o articoli di opinione. Per richieste di autorizzazione o ulteriori informazioni, contatta l'autore all'indirizzo franca.ceppi@ceppiconsulting.com.

Disclaimer

Questo libro ha scopo puramente informativo e non costituisce un consiglio finanziario, legale o fiscale. Le informazioni contenute al suo interno riflettono l'opinione dell'autore e sono state redatte al meglio delle sue conoscenze al momento della pubblicazione. Tuttavia, data la rapida evoluzione del settore delle criptovalute e della blockchain, alcuni contenuti potrebbero non essere aggiornati.

L'autore e l'editore non si assumono alcuna responsabilità per eventuali perdite, danni o spese che possano derivare dall'uso delle informazioni presenti in questo libro. Chiunque decida di investire o partecipare al mercato delle criptovalute è incoraggiato a fare le proprie ricerche e a consultare un professionista qualificato per consigli specifici.

Dedicato a tutti i pionieri della finanza decentralizzata, a quelli che hanno sfidato le banche, che vedono in un blocco di dati un manifesto di libertà, a chi non cerca approvazione, ma solo il proprio codice segreto.

A coloro che credono che un wallet sia più sicuro di una banca, che non cercano monete di metallo, ma criptovalute invisibili, a chi ha osato perdere tutto e a chi, nel caos della volatilità, ha trovato la propria strada.

A chi preferisce un algoritmo a un regolatore,
un white paper a un manuale di finanza,
e non teme l'incognita di un futuro decentralizzato.

A chi pensa che le chiavi siano da conservare sotto il materasso, ma questa volta in un cold wallet,
a chi pensa che il valore di una moneta non sia deciso da chi la conia, ma da chi la usa, e la sogna.

Perché il vero potere non è nel possesso, ma nella libertà di creare e condividere, senza confini, senza permessi, sempre fuori dagli schemi.

Sommario

Episodio 1 - Il Primo Acquisto di Bitcoin 5

Episodio 2 - La Blockchain e la Rivoluzione Finanziaria 10

Episodio 3 - Il Creatore Anonimo di Bitcoin 15

Episodio 4 - Creare e Proteggere il Tuo Wallet............. 21

Episodio 5 - Proteggersi dalle Truffe Crypto 27

Episodio 6 - Il Primo Pagamento in Bitcoin.................. 34

Episodio 7 - Il Mining e l'Impatto Energetico della Blockchain   41

Episodio 8 - Smart Contract e Decentralizzazione 47

Episodio 9 - La Finanza Decentralizzata (DeFi) 54

Episodio 10 - Privacy e Anonimato............................... 60

Episodio 11 - Criptovalute e Governi 66

Episodio 12 - Verso il Web 3.0 72

Episodio 13 - Considerazioni Finali e il Futuro delle Criptovalute   79

Conclusione 85

EPISODIO 1 - IL PRIMO ACQUISTO DI BITCOIN

Introduzione

In questo episodio, esplorerai cosa significa acquistare Bitcoin per la prima volta e scoprirai come funziona uno scambio di criptovalute. Imparerai le basi della valuta decentralizzata e inizierai a capire l'importanza di possedere e proteggere un wallet.

Narrazione/Storia

Marco aveva sempre sentito parlare di Bitcoin, ma come molti, pensava che fosse qualcosa di troppo complesso o riservato ai soli esperti di finanza e tecnologia. Poi, un giorno, un amico gli raccontò come avesse acquistato una piccola quantità di Bitcoin e di quanto fosse emozionante essere "parte del futuro finanziario".

Incuriosito e un po' scettico, Marco decise di informarsi. Dopo ore di letture online e video, comprese finalmente cosa fosse Bitcoin: una moneta virtuale creata e gestita senza bisogno di una banca, con tutte le transazioni memorizzate in un grande registro digitale distribuito chiamato blockchain. La parte che lo colpì di più era il fatto che nessuna autorità centrale controllava Bitcoin. Era come avere soldi in un portafoglio digitale, accessibile ovunque e in ogni momento. Fu allora che decise di fare il suo primo acquisto.

Parte Educativa

Cos'è un Exchange di Criptovalute?

Un exchange è una piattaforma online che permette di acquistare, vendere e scambiare criptovalute. Gli exchange più conosciuti (come Coinbase, Binance, e Kraken) offrono interfacce semplici e sicure per i principianti. Per acquistare Bitcoin, tutto ciò che devi fare è creare un account, verificare la tua identità, e depositare fondi in valuta tradizionale (euro, dollari, ecc.). Con il tuo account verificato, puoi scegliere di acquistare Bitcoin in base alla quantità desiderata o al budget disponibile.

L'Acquisto di Bitcoin

Comprare Bitcoin è simile a comprare azioni su una borsa valori, ma con alcune differenze. La valuta tradizionale viene convertita in Bitcoin, e puoi comprare anche frazioni molto piccole di un Bitcoin (ad esempio, 0,0001 BTC), rendendo l'acquisto accessibile a tutti i budget. Una volta completato l'acquisto, la tua criptovaluta sarà depositata nel tuo portafoglio sull'exchange.

Il Wallet e la Sicurezza

Bitcoin non viene "depositato" in una banca come il denaro tradizionale. Una volta acquistato, il tuo Bitcoin viene memorizzato in un wallet (portafoglio digitale). Esistono diversi tipi di wallet, ma tutti condividono lo stesso principio: una chiave privata e una chiave pubblica.

- Chiave Pubblica: È come un indirizzo e-mail o un IBAN. La chiave pubblica è l'indirizzo che puoi fornire a chiunque per ricevere pagamenti.

- Chiave Privata: Questa è la tua "password" segreta per accedere ai tuoi fondi. Devi custodirla gelosamente: chiunque entri in possesso della tua chiave privata può accedere al tuo wallet e prelevare i tuoi Bitcoin.

La sicurezza è fondamentale, perché una volta persa o rubata la chiave privata, i tuoi fondi non possono essere recuperati. Gli exchange offrono wallet integrati, ma molti preferiscono trasferire i Bitcoin in wallet esterni (come quelli hardware o software) per aumentare la sicurezza.

Sfida Pratica dell'Episodio

"Crea un account su un exchange di criptovalute di tua scelta e familiarizza con la piattaforma. Cerca la sezione dedicata a Bitcoin e, se te la senti, prova a esplorare le opzioni per l'acquisto di una piccola quantità di Bitcoin (anche se solo come esercizio)."

Punti Chiave

- Bitcoin: Una moneta decentralizzata che non richiede una banca.

- Exchange: Piattaforma per acquistare, vendere e scambiare criptovalute.

- Wallet: Un portafoglio digitale che memorizza Bitcoin tramite una chiave pubblica e una chiave privata.

- Sicurezza: La chiave privata è essenziale per proteggere i tuoi fondi e deve essere custodita con attenzione.

☐

EPISODIO 2 - LA BLOCKCHAIN E LA RIVOLUZIONE FINANZIARIA

Introduzione

In questo episodio esploreremo la blockchain, la tecnologia che rende possibili Bitcoin e tutte le criptovalute. Scoprirai perché la blockchain viene spesso descritta come una "rivoluzione" per la finanza e come funziona a livello di base, rendendo possibili le transazioni sicure e decentralizzate.

Narrazione/Storia

Immagina un registro contabile trasparente, sicuro e visibile a tutti. Ogni transazione, ogni cambiamento, ogni passaggio di valore è tracciato e registrato per sempre, senza possibilità di cancellazione o manipolazione. È così che funziona una blockchain, e per capire cosa significa davvero, torniamo per un attimo alla storia di Marco.

Marco aveva appena comprato i suoi primi Bitcoin e iniziava a chiedersi come fosse possibile garantire che i suoi fondi fossero sicuri. L'idea di non avere una banca o un'autorità centrale che supervisionasse la transazione lo lasciava perplesso. Così, facendo qualche ricerca in più, Marco scoprì la blockchain: una struttura di dati che consentiva a chiunque, ovunque nel mondo, di convalidare e tracciare ogni transazione, senza fidarsi di nessun singolo intermediario. Più leggeva, più comprendeva che la blockchain era molto più di una semplice tecnologia: era un modo totalmente nuovo di pensare alla fiducia e alla sicurezza.

Parte Educativa

Cos'è una Blockchain?

La blockchain è un registro digitale distribuito e immutabile. Immagina un libro contabile che registra ogni transazione in una serie di pagine (i blocchi) collegate in modo permanente l'una all'altra. Ogni blocco contiene un insieme di transazioni e, una volta registrato, non può essere modificato senza alterare tutti i blocchi successivi, rendendo il sistema molto sicuro.

Ogni volta che una transazione viene effettuata (ad esempio, Marco invia Bitcoin a un amico), questa viene registrata e verificata da nodi (computer) sparsi in tutto il mondo.

Ogni blocco ha una "impronta digitale" chiamata hash, un codice unico generato in base ai dati del blocco. Questo hash collega un blocco al successivo, creando una catena ininterrotta e sicura.

Decentralizzazione e Fiducia nella Blockchain

A differenza dei sistemi bancari tradizionali, la blockchain non è controllata da un'unica autorità. Decentralizzazione significa che migliaia di nodi (computer) verificano e approvano ogni transazione, rendendo praticamente impossibile la manipolazione. Non c'è bisogno di una banca o di un'autorità centrale, perché la fiducia è creata dalla rete stessa e dalle sue regole matematiche.

Vantaggi della Blockchain: Sicurezza e Trasparenza

La blockchain ha due caratteristiche principali che la rendono rivoluzionaria:

Sicurezza: La struttura a blocchi rende difficile per chiunque manomettere i dati senza essere scoperto. Qualsiasi tentativo di cambiare una transazione richiederebbe di modificare tutti i blocchi successivi, cosa praticamente impossibile su una rete decentralizzata.

Trasparenza: Chiunque può consultare la blockchain pubblica e vedere tutte le transazioni (ovviamente in forma anonima e crittografata). Questo aumenta la fiducia e riduce le possibilità di frode.

Applicazioni della Blockchain oltre Bitcoin

Anche se la blockchain è nata con Bitcoin, oggi viene utilizzata in molte altre aree. Dalla gestione delle catene di approvvigionamento (tracciabilità dei prodotti) ai contratti intelligenti (smart contract) su piattaforme come Ethereum, la blockchain offre soluzioni innovative a problemi di trasparenza e fiducia in vari settori.

Sfida Pratica dell'Episodio

"Prendi un foglio di carta e disegna una serie di rettangoli collegati, uno dopo l'altro. Ogni rettangolo rappresenta un "blocco" nella blockchain. Dentro ogni blocco, scrivi una serie di transazioni immaginarie (es: Marco invia 0,1 BTC a Luca). Poi prova a pensare a cosa succederebbe se provassi a cambiare uno di questi blocchi: come influirebbe sui blocchi successivi? Questo semplice esercizio ti aiuterà a comprendere l'importanza della sicurezza e dell'immutabilità della blockchain."

Punti Chiave

- Blockchain: Un registro digitale immutabile e distribuito, composto da blocchi collegati in una catena.

- Hash: L'"impronta digitale" unica di ogni blocco che lo collega al successivo.

- Decentralizzazione: Assenza di una singola autorità centrale; la rete stessa verifica le transazioni.

- Vantaggi della Blockchain: Sicurezza, trasparenza e applicazioni oltre il settore finanziario.

☐

EPISODIO 3 - IL CREATORE ANONIMO DI BITCOIN

Il Mistero di Satoshi Nakamoto

In questo episodio esploreremo il mistero che circonda Satoshi Nakamoto, il creatore anonimo di Bitcoin. Scoprirai perché la sua identità sconosciuta ha aggiunto fascino e mistero a Bitcoin e cosa rappresenta Satoshi per la comunità delle criptovalute.

Narrazione/Storia

C'è un detto che circola spesso tra chi si occupa di Bitcoin: "Bitcoin non ha un volto, non ha un CEO, non ha un padrone. Bitcoin è per chiunque lo usi". Ma non è sempre stato così. C'è stato un momento, all'inizio di tutto, in cui Bitcoin aveva un creatore noto solo come Satoshi Nakamoto.

All'epoca, la persona (o gruppo di persone) conosciuta come Satoshi pubblicò un documento chiamato white paper, in cui descriveva Bitcoin come "una moneta elettronica peer-to-peer" che permetteva di inviare denaro senza bisogno di intermediari. Satoshi aveva creato la blockchain, aveva minato i primi Bitcoin, aveva interagito via e-mail e forum con i primi utenti di Bitcoin. Poi, all'improvviso, senza alcun preavviso, Satoshi smise di comunicare e scomparve nel nulla.

Immagina la sorpresa della comunità: il creatore di Bitcoin, la figura che aveva dato inizio a una rivoluzione, si era dissolta nell'ombra. Da quel momento, Satoshi Nakamoto diventò leggenda, e il mistero della sua identità alimentò teorie e speculazioni. Chi era Satoshi? Un genio solitario? Un gruppo di esperti? Un programmatore eccentrico? Nessuno lo sa con certezza, e forse non lo sapremo mai.

Parte Educativa

Il White Paper di Bitcoin

Satoshi Nakamoto ha presentato Bitcoin nel 2008 con un documento intitolato "Bitcoin: A Peer-to-Peer Electronic Cash System". In questo white paper, Satoshi descriveva il funzionamento della blockchain e di Bitcoin, proponendoli come un'alternativa al sistema finanziario tradizionale.

Il white paper è un documento semplice ma rivoluzionario, che descrive la blockchain come un sistema sicuro per registrare transazioni e Bitcoin come un mezzo per effettuare pagamenti senza intermediari.

Questo documento divenne il fondamento teorico della blockchain e delle criptovalute, ispirando una generazione di sviluppatori e innovatori.

Teorie su Satoshi Nakamoto

Da quando Satoshi è scomparso, molte teorie si sono diffuse su chi possa essere realmente:

Teoria del Genio Solitario: Secondo questa teoria, Satoshi è una sola persona, un genio della programmazione e della crittografia che ha scelto l'anonimato per ragioni personali o di sicurezza.

Teoria del Gruppo di Sviluppatori: Alcuni credono che Satoshi sia in realtà un gruppo di sviluppatori che ha deciso di restare anonimo. Questo spiegherebbe la complessità del codice di Bitcoin e l'ampia conoscenza che Satoshi dimostrava.

Ipotesi delle Agenzie Governative: Una teoria complottista sostiene che Bitcoin sia stato creato da agenzie governative per monitorare le transazioni globali. Non ci sono prove di questa ipotesi, ma è una delle tante speculazioni.

L'Impatto dell'Anonimato di Satoshi

L'assenza di un "padrone" ha reso Bitcoin unico: non c'è una persona o un'organizzazione che possa controllare o manipolare Bitcoin a proprio piacimento. Anche se esistono altre criptovalute con fondatori noti, l'anonimato di Satoshi ha conferito a Bitcoin una maggiore indipendenza.

Decentralizzazione Completa: Senza un fondatore visibile, Bitcoin non è legato a nessuno. Questo lo rende una valuta veramente decentralizzata, un sistema che vive grazie ai suoi utenti.

Sicurezza Filosofica: La figura di Satoshi è diventata una sorta di "mito fondatore", simile a un eroe che sacrifica la fama personale per un'idea superiore. Questa assenza di un volto umano conferisce a Bitcoin una dimensione filosofica: è come se Bitcoin fosse "nato" libero.

Le Conseguenze di un Ritorno di Satoshi   Cosa accadrebbe se Satoshi riapparisse? Alcuni ritengono che ciò causerebbe uno shock nel mondo delle criptovalute, poiché la figura anonima è ormai parte integrante della filosofia di Bitcoin. La sua riapparizione potrebbe portare nuove direzioni, ma anche incertezze.

Sfida Riflessiva dell'Episodio

"Immagina di essere Satoshi Nakamoto. Rifletti su queste domande: Perché avresti scelto di rimanere anonimo? Quali rischi e benefici comporterebbe riapparire oggi? Scrivi le tue riflessioni, immaginando il tuo ruolo e il tuo impatto su Bitcoin e sulla comunità crypto."

Punti Chiave

- Satoshi Nakamoto: Il misterioso creatore di Bitcoin, la cui identità rimane sconosciuta.

- White Paper di Bitcoin: Il documento fondativo che descrive Bitcoin come un sistema di pagamento decentralizzato.

- Teorie sull'identità di Satoshi: Diverse teorie (genio solitario, gruppo, agenzie governative) cercano di spiegare chi sia realmente.

- Impatto dell'anonimato: L'assenza di un "padrone" rende Bitcoin un sistema decentralizzato e libero da influenze.

EPISODIO 4 - CREARE E PROTEGGERE IL TUO WALLET

La Cassaforte delle Criptovalute

Introduzione

In questo episodio vedremo come creare un wallet per custodire in sicurezza i tuoi Bitcoin (o altre criptovalute). Un wallet è simile a una cassaforte digitale e funziona grazie a una chiave pubblica e una chiave privata. Comprenderai l'importanza della sicurezza e imparerai le differenze tra i vari tipi di wallet disponibili. Ricorda: il tuo wallet è l'unica cosa che protegge i tuoi fondi crypto, e mantenerlo al sicuro è essenziale.

Narrazione/Storia

Immagina di aver appena comprato i tuoi primi Bitcoin, entusiasta di possedere una piccola porzione di questa rivoluzionaria criptovaluta. È un momento di euforia, ma arriva subito la domanda fondamentale: dove li conservo? A differenza del denaro tradizionale, che puoi tenere in banca, i Bitcoin devono essere conservati in un wallet, e solo tu puoi proteggerli.

Questa è la storia di Anna, che aveva acquistato le sue prime criptovalute e le aveva lasciate nel wallet dell'exchange. La cosa sembrava comoda: perché spostarli altrove? Ma un giorno l'exchange venne hackerato, e Anna perse tutto. Senza un wallet protetto, i suoi Bitcoin erano vulnerabili. Da quel giorno Anna imparò l'importanza di avere un wallet sicuro e della cura nel proteggere la propria chiave privata.

Parte Educativa

Cos'è un Wallet e Come Funziona?

Un wallet per criptovalute è un software o un dispositivo che conserva le chiavi digitali necessarie per accedere ai tuoi fondi. Non conserva effettivamente le criptovalute, ma ti dà il "permesso" di usarle grazie alla chiave privata.

Chiave Pubblica: È simile a un numero di conto bancario. Questa chiave può essere condivisa con altri per ricevere fondi.

Chiave Privata: Questa è la tua password segreta. Ti consente di accedere ai tuoi fondi e spenderli. Se la perdi o qualcuno la ruba, i tuoi fondi sono persi per sempre.

Tipi di Wallet: Hot Wallet e Cold Wallet

Esistono diversi tipi di wallet, ognuno con vantaggi e svantaggi. Vediamoli insieme.

Hot Wallet: Si tratta di wallet connessi a Internet, come le app per smartphone o i wallet online. Sono pratici per chi effettua molte transazioni e sono di facile accesso, ma più vulnerabili agli attacchi hacker.

Cold Wallet: Sono wallet offline, come i dispositivi hardware (Ledger, Trezor) o i paper wallet. Essendo scollegati da internet, sono molto più sicuri e consigliati per chi desidera custodire i fondi a lungo termine.

Creare un Wallet – Guida Pratica

Creare un wallet è semplice, e puoi scegliere tra diverse opzioni:

App Wallet: Scarica una delle app di wallet più sicure e crea un nuovo portafoglio. Sarà necessario generare e salvare una chiave privata.

Wallet Hardware: Se preferisci un cold wallet, acquista un dispositivo hardware. Questi dispositivi ti consentono di generare e conservare le chiavi in modo completamente offline.

Paper Wallet: Questa è una stampa cartacea che contiene le tue chiavi pubblica e privata. È molto sicura, ma richiede grande cura per non essere persa o danneggiata.

La Sicurezza della Chiave Privata

Conservare la chiave privata in un luogo sicuro è cruciale. Alcuni consigli pratici per proteggere il tuo wallet:

Non condividerla con nessuno e non conservarla in file digitali non protetti.

Utilizza un password manager o scrivila su carta e conserva il foglio in un posto sicuro.

Evita i dispositivi non protetti: non accedere al wallet da computer o reti non sicure.

Sfida Pratica dell'Episodio

"Scegli un tipo di wallet (app, hardware o paper wallet) e creane uno per te. Segui le istruzioni di sicurezza per conservare la chiave privata e sperimenta il funzionamento del wallet. Prova a ricevere una transazione (anche un piccolo importo o test) per familiarizzare con l'uso del wallet."

Punti Chiave

- Wallet: Un portafoglio digitale che conserva le chiavi di accesso ai tuoi Bitcoin.

- Chiave Pubblica: Paragonabile a un numero di conto bancario; può essere condivisa per ricevere fondi.

- Chiave Privata: La "password" segreta che consente di accedere ai fondi. È essenziale custodirla con attenzione.

- Tipi di Wallet: I wallet possono essere hot (connessi a Internet) o cold (offline e più sicuri).

- Sicurezza del Wallet: Conserva la chiave privata in un luogo sicuro e non condividerla mai.

EPISODIO 5 - PROTEGGERSI DALLE TRUFFE CRYPTO

Prevenire è Meglio che Curare

Introduzione

Le criptovalute stanno diventando sempre più popolari, e purtroppo anche le truffe legate a questo mondo sono in aumento. In questo episodio vedremo le truffe più comuni nel settore delle criptovalute, come riconoscerle e quali accorgimenti adottare per proteggerti.

Ricorda: la sicurezza in questo settore è fondamentale, e prevenire è sempre meglio che correre ai ripari.

Narrazione/Storia

Marco aveva ormai imparato a utilizzare il suo wallet e aveva iniziato a fare i suoi primi scambi di Bitcoin. Un giorno, però, ricevette un'e-mail con un'offerta apparentemente irresistibile: "Raddoppia i tuoi Bitcoin oggi stesso! Invia 0,1 BTC al nostro indirizzo e ti restituiremo il doppio in poche ore." L'offerta sembrava allettante, ma c'era qualcosa di sospetto. Marco decise di fare una ricerca online e scoprì che esistevano truffe simili. Si rese conto che non si trattava di un'opportunità, ma di un tentativo di frode.

Imparò così a fidarsi del proprio istinto e a essere diffidente di fronte a offerte "troppo belle per essere vere". Con il tempo, divenne sempre più attento ai segnali di pericolo.

Parte Educativa

Le Truffe più Comuni nel Mondo Crypto

Ci sono molte truffe comuni nel mondo delle criptovalute. Conoscere queste minacce è il primo passo per proteggerti:

Phishing: Truffatori fingono di essere un'azienda o un servizio legittimo (come un exchange o un wallet) e ti inviano link o e-mail false per ottenere la tua chiave privata o password. Il phishing è molto diffuso nel mondo crypto, quindi fai attenzione alle e-mail o ai link sospetti.

Truffe di Doppio Ritorno (Giveaway Scams): Queste truffe si presentano spesso come "offerte speciali" in cui ti promettono di raddoppiare o triplicare i tuoi fondi se invii una certa somma di criptovaluta a un indirizzo specifico. Se ricevi un'offerta simile, ignorala: si tratta di una truffa.

Piramidi e Schemi Ponzi: Alcune truffe invitano le persone a investire in un "progetto innovativo" con la promessa di rendimenti altissimi. Tuttavia, queste sono spesso piramidi finanziarie, in cui i guadagni dei nuovi investitori sono usati per pagare i rendimenti dei precedenti. Alla fine, gli ideatori scompaiono con i soldi raccolti, lasciando i partecipanti con nulla.

Token e ICO Fraudolenti: Alcuni truffatori creano criptovalute o token fittizi e li vendono tramite un'offerta iniziale (ICO). Promettono grandi vantaggi e lanci futuri, ma in realtà non c'è un progetto reale dietro, e una volta raccolti i fondi, scompaiono.

Segnali di Pericolo – Riconoscere le Truffe

Esistono alcuni segnali comuni che possono aiutarti a riconoscere una potenziale truffa:

Promesse di guadagni rapidi e altissimi: Se qualcuno ti promette guadagni esorbitanti con un investimento minimo, è probabile che sia una truffa.

Richieste di accesso alla tua chiave privata o password: Nessuna azienda legittima ti chiederà mai di fornire la tua chiave privata. Questo è un segnale d'allarme.

Messaggi urgenti o che spingono a fare in fretta: I truffatori cercano di fare leva sul senso di urgenza per evitare che tu rifletta troppo.

Siti web o e-mail dall'aspetto sospetto: Verifica sempre l'indirizzo e-mail e il sito web per essere sicuro che provenga da una fonte legittima.

Proteggersi dalle Truffe

Ora che conosci le principali truffe, ecco alcune misure pratiche per proteggerti:

Non condividere mai la tua chiave privata o password con nessuno, e fai attenzione a dove conservi questi dati.

Utilizza l'autenticazione a due fattori (2FA) per il tuo account sugli exchange. È un sistema di sicurezza aggiuntivo che rende più difficile per i truffatori accedere ai tuoi fondi.

Controlla attentamente l'indirizzo del sito web e dell'e-mail: I truffatori spesso creano siti web o e-mail che sembrano identici a quelli originali, ma che hanno piccole differenze negli indirizzi.

Informati e rimani aggiornato: Segui le notizie e le guide sulla sicurezza crypto per conoscere le nuove truffe e capire come difenderti.

Cosa Fare se Sei Stato Vittima di una Truffa

Se, nonostante le precauzioni, sei caduto in una truffa, ci sono alcune azioni che puoi intraprendere:

Segnala l'evento alle autorità: In alcuni paesi, esistono organizzazioni che possono assisterti e raccogliere segnalazioni su crimini legati alle criptovalute.

Avvisa la comunità cripto: Pubblica l'esperienza su forum, gruppi social e piattaforme cripto. Questo può aiutare altri utenti a non cadere nella stessa trappola.

Rimani vigile e impara dall'esperienza: Ogni esperienza è una lezione. Anche se è spiacevole, usa questa esperienza per diventare più consapevole e attento in futuro.

Sfida Pratica dell'Episodio

"Fai una ricerca online sulle ultime truffe nel mondo cripto e prendi nota dei principali schemi e tattiche utilizzati dai truffatori. Prova a identificare i segnali di pericolo in ogni truffa e annota cosa faresti per proteggerti. Questa pratica ti aiuterà a essere sempre un passo avanti rispetto alle truffe."

Punti Chiave

- Phishing: Attenzione a e-mail e messaggi falsi che cercano di ottenere le tue chiavi o password.

- Schemi Ponzi e Piramidali: Diffida di "opportunità" che promettono rendimenti esagerati.

- Segnali di Pericolo: Promesse di guadagni rapidi, richieste di chiavi private, e senso di urgenza sono tutti segnali di allarme.

- Misure di Sicurezza: Usa autenticazione a due fattori, non condividere mai le tue chiavi private e verifica sempre la legittimità degli indirizzi.

EPISODIO 6 - IL PRIMO PAGAMENTO IN BITCOIN

Usare Bitcoin come Moneta

Introduzione

Ora che hai imparato a creare e proteggere un wallet e a riconoscere le truffe, è il momento di vedere come utilizzare Bitcoin come strumento di pagamento. In questo episodio esplorerai come funziona un pagamento in Bitcoin e quali differenze ci sono rispetto ai pagamenti tradizionali. Imparerai come effettuare una transazione in sicurezza, e scoprirai che usare Bitcoin come moneta digitale è più facile di quanto pensi.

Narrazione/Storia

Marco era entusiasta. Aveva studiato, aveva acquistato Bitcoin e imparato a proteggerli. Ora era pronto per il passo successivo: usare Bitcoin come moneta, proprio come avrebbe fatto con la sua carta di credito o con il contante. Dopo aver trovato un caffè locale che accettava pagamenti in criptovalute, decise di fare una prova.

Arrivato al caffè, ordinò un cappuccino e, al momento di pagare, aprì il suo wallet sullo smartphone e scansionò il QR code fornito dal barista. La transazione fu completata in pochi secondi, e Marco uscì dal locale con una nuova consapevolezza: aveva appena usato Bitcoin come moneta reale, senza bisogno di banche o intermediari.

Parte Educativa

Come Funziona un Pagamento in Bitcoin?

Pagare in Bitcoin è simile a inviare denaro digitale a qualcuno, ma avviene tramite il tuo wallet e la blockchain. Ecco come funziona un pagamento tipico:

QR Code o Indirizzo del Destinatario: Quando vuoi effettuare un pagamento, il destinatario ti fornirà un indirizzo pubblico (una stringa alfanumerica) o un QR code che puoi scansionare. Questo rappresenta il "numero di conto" del destinatario.

Conferma e Invio: Dopo aver inserito l'importo in Bitcoin (o il suo equivalente in valuta tradizionale), ti verrà chiesto di confermare la transazione. A questo punto, il tuo wallet invia una richiesta alla rete per trasferire i fondi.

Validazione sulla Blockchain: La transazione passa attraverso il processo di validazione sulla blockchain. Di solito, l'operazione richiede alcuni minuti per essere completata, ma in molti casi il pagamento può essere considerato "ricevuto" dopo pochi secondi.

Vantaggi e Svantaggi dei Pagamenti in Bitcoin

Effettuare pagamenti in Bitcoin offre diversi vantaggi, ma anche alcune sfide che è importante conoscere:

Vantaggi:

Transazioni Internazionali Rapide: Con Bitcoin, puoi inviare denaro ovunque nel mondo, senza bisogno di intermediari come le banche, e con costi molto inferiori alle tradizionali rimesse internazionali.

Sicurezza e Privacy: Le transazioni Bitcoin non richiedono informazioni personali; quindi, è un metodo di pagamento che garantisce privacy.

Decentralizzazione: A differenza dei pagamenti tradizionali, i pagamenti in Bitcoin non sono soggetti alle politiche di alcuna banca centrale o governo.

Svantaggi:

Volatilità: Il valore di Bitcoin può variare molto, quindi l'importo che invii potrebbe avere un valore diverso al momento della ricezione.

Tempistiche: In alcuni casi, le transazioni possono richiedere alcuni minuti per essere confermate sulla blockchain, soprattutto in periodi di alta attività della rete.

Accettazione Limitata: Non tutti accettano pagamenti in Bitcoin, quindi potresti trovare difficoltà nell'uso quotidiano.

Sicurezza nelle Transazioni Bitcoin

Anche se Bitcoin è un sistema sicuro, è importante seguire alcune pratiche per proteggere le tue transazioni:

Controlla l'Indirizzo del Destinatario: Bitcoin è irreversibile, quindi controlla sempre attentamente l'indirizzo del destinatario prima di inviare il pagamento.

Conferma l'Importo: Dato che il valore di Bitcoin può variare, assicurati di inserire l'importo corretto in valuta fiat (es. euro, dollari) o Bitcoin.

Utilizza Wallet Sicuri: Effettua pagamenti solo da wallet sicuri e protetti, preferibilmente con autenticazione a due fattori (2FA).

Primi Esempi di Pagamenti in Bitcoin

Uno dei primi e più celebri pagamenti in Bitcoin fu quello di Laszlo Hanyecz, un programmatore che pagò 10.000 Bitcoin per due pizze nel 2010. All'epoca, quei Bitcoin valevano circa 30 dollari, ma oggi sarebbero milioni! Questo evento è passato alla storia come il "Bitcoin Pizza Day" e rappresenta un esempio di come Bitcoin è passato dall'essere un'idea sperimentale a una moneta vera e propria.

Sfida Pratica dell'Episodio

"Trova un negozio, un sito o una piattaforma online che accetti pagamenti in Bitcoin (ci sono molte aziende che oggi accettano Bitcoin come pagamento). Anche se non fai un acquisto reale, prova a familiarizzare con il processo di

pagamento in criptovalute, come l'uso di QR code e l'inserimento di indirizzi. Questa esperienza ti renderà più sicuro nei futuri pagamenti cripto."

Punti Chiave

- Pagamento in Bitcoin: Funziona come un bonifico digitale tramite la blockchain, ma con una chiave pubblica come indirizzo del destinatario.

- QR Code e Conferma della Transazione: Un QR code semplifica l'inserimento dell'indirizzo del destinatario e conferma la correttezza della transazione.

- Vantaggi: Pagamenti internazionali rapidi, sicurezza e privacy, decentralizzazione.

- Svantaggi: Volatilità, tempistiche delle conferme, accettazione limitata.

- Bitcoin Pizza Day: Il primo acquisto registrato in Bitcoin, che dimostra la transizione da esperimento a moneta utilizzabile.

EPISODIO 7 - IL MINING E L'IMPATTO ENERGETICO DELLA BLOCKCHAIN

Introduzione

In questo episodio esploreremo il mining, il processo che permette alla rete Bitcoin di funzionare in modo sicuro e decentralizzato. Vedrai come i "minatori" risolvono complessi problemi matematici per validare le transazioni e come questo processo, fondamentale per la blockchain, abbia anche un impatto significativo in termini di consumo energetico. Imparerai a conoscere le implicazioni ambientali e perché la sostenibilità è diventata una questione importante nel mondo delle criptovalute.

Narrazione/Storia

Tommaso era affascinato da Bitcoin e aveva sentito parlare del mining come una sorta di "miniera digitale". Gli raccontarono che il mining era come scavare per trovare oro, ma che invece di picconi e pale, i minatori usavano potenti computer per risolvere complessi calcoli matematici. Ogni volta che una macchina riusciva a risolvere un calcolo, veniva premiata con nuovi Bitcoin.

Ma c'era un aspetto di cui nessuno gli aveva parlato: il consumo energetico. Tommaso scoprì che per mantenere la rete Bitcoin funzionante, milioni di computer in tutto il mondo lavoravano senza sosta, consumando una quantità di elettricità impressionante, paragonabile al fabbisogno energetico di interi paesi. Era stupito: come poteva una tecnologia così innovativa essere sostenibile? Tommaso decise di approfondire l'argomento e scoprì che il mining è al centro di un dibattito importante sulle criptovalute e il loro impatto ambientale.

Parte Educativa

Cos'è il Mining e Come Funziona?

Il mining è il processo attraverso cui le transazioni vengono verificate e aggiunte alla blockchain. I "minatori" usano potenti computer per risolvere complessi problemi matematici e, in cambio, ricevono una ricompensa in Bitcoin. Questo processo garantisce che la rete rimanga sicura e decentralizzata, perché chiunque, ovunque nel mondo, può diventare un minatore e contribuire alla rete.

Proof of Work (PoW): Bitcoin utilizza un sistema di consenso chiamato Proof of Work. Questo significa che i minatori devono dimostrare di aver svolto un certo "lavoro" per validare le transazioni. Il lavoro consiste nel risolvere un problema matematico che richiede molta potenza di calcolo.

Ricompensa del Blocco: Ogni volta che un minatore risolve un problema e aggiunge un nuovo blocco alla blockchain, riceve una ricompensa in Bitcoin, più le commissioni delle transazioni contenute in quel blocco. Questa ricompensa si dimezza ogni quattro anni circa, in un evento noto come halving.

L'Impatto Energetico del Mining

Poiché il mining richiede una grande quantità di potenza di calcolo, comporta anche un elevato consumo di energia. Questo è diventato un tema controverso, poiché la rete Bitcoin usa una quantità di elettricità paragonabile a quella consumata da intere nazioni.

I Costi Ambientali: Gran parte del mining viene effettuato in paesi dove l'elettricità è economica ma spesso non rinnovabile. Ciò significa che il mining contribuisce all'emissione di CO_2 e all'inquinamento.

Efficienza Energetica: I minatori cercano di utilizzare macchine sempre più efficienti per ridurre i costi energetici, ma l'aumento della competizione richiede costantemente nuove attrezzature e maggiore consumo energetico.

Alternative al Mining e Sostenibilità

Alcuni sostengono che il mining non sia sostenibile a lungo termine, e sono state proposte alternative per rendere le criptovalute più "green":

Proof of Stake (PoS): Invece di richiedere potenza di calcolo, il Proof of Stake consente di convalidare le transazioni sulla base della quantità di criptovaluta posseduta dagli utenti. Questo sistema è molto meno energivoro e viene utilizzato da altre criptovalute come Ethereum (dopo il passaggio a Ethereum 2.0).

Fonti di Energia Rinnovabile: Alcuni minatori stanno cercando di utilizzare fonti di energia rinnovabile, come l'energia idroelettrica o eolica, per ridurre l'impatto ambientale. Esistono anche progetti di mining che sfruttano il gas naturale "flaring" che altrimenti andrebbe sprecato.

Il Futuro del Mining e della Sostenibilità

La questione del mining e del consumo energetico è ancora aperta. Bitcoin continuerà a usare il Proof of Work, ma l'evoluzione tecnologica potrebbe ridurre il consumo energetico, o portare a un mining più sostenibile. Al tempo stesso, è possibile che nuovi metodi di consenso, come il Proof of Stake, influenzino il futuro delle criptovalute e della blockchain in generale.

Sfida Riflessiva dell'Episodio

"Cerca informazioni sul consumo energetico del mining di Bitcoin nel tuo paese o in un paese a tua scelta. Rifletti su come il mining potrebbe diventare più sostenibile e quali alternative energetiche potrebbero ridurre l'impatto ambientale. Annota le tue considerazioni in un breve paragrafo: cosa ne pensi dell'uso di risorse energetiche per una tecnologia come Bitcoin?"

Punti Chiave

- Mining: Processo attraverso cui le transazioni vengono verificate e aggiunte alla blockchain.

- Proof of Work (PoW): Sistema di consenso utilizzato da Bitcoin, che richiede potenza di calcolo per garantire la sicurezza della rete.

- Impatto Energetico: Il mining consuma molta energia, sollevando questioni ambientali.

- Alternative Green: Metodi come il Proof of Stake (PoS) e l'uso di energie rinnovabili potrebbero rendere il mining più sostenibile in futuro.

EPISODIO 8 - SMART CONTRACT E DECENTRALIZZAZIONE

Il Futuro della Blockchain oltre Bitcoin

Introduzione

Bitcoin è stato solo l'inizio. In questo episodio scopriremo come le tecnologie blockchain siano andate oltre la semplice funzione di moneta digitale. Con l'introduzione degli smart contract e di piattaforme come Ethereum, la blockchain si è evoluta in un sistema versatile che può gestire contratti e accordi senza bisogno di intermediari. Marco esplorerà queste nuove applicazioni e capirà perché la decentralizzazione è considerata una rivoluzione non solo finanziaria, ma anche sociale e tecnologica.

Narrazione/Storia

Dopo aver imparato a usare Bitcoin e aver scoperto i concetti di wallet e mining, Marco iniziava a sentirsi a proprio agio nel mondo delle criptovalute. Tuttavia, durante una conversazione con un amico, venne a sapere di Ethereum e degli smart contract.

"Immagina di poter stipulare un contratto digitale senza avvocati o notai," gli disse l'amico. "Con Ethereum, tutto questo è possibile. Gli smart contract funzionano automaticamente, senza bisogno di intermediari, e sono basati su codice informatico che rispetta le regole stabilite in partenza."

Marco rimase affascinato. Scoprì che gli smart contract potevano fare molto di più che trasferire denaro: potevano gestire prestiti, affitti, assicurazioni e persino i diritti di proprietà di opere d'arte digitali. L'idea di un contratto digitale automatico, sicuro e immodificabile lo conquistò, e decise di approfondire questo nuovo mondo.

Parte Educativa

Cosa Sono gli Smart Contract?

Gli smart contract (o "contratti intelligenti") sono programmi informatici che eseguono automaticamente i termini di un accordo, senza bisogno di un intermediario umano. Un esempio semplice: immagina di voler affittare un appartamento. Invece di firmare un contratto tradizionale, potresti usare uno smart contract programmato per sbloccare l'accesso all'appartamento solo dopo che il deposito è stato ricevuto.

Funzionamento: Gli smart contract funzionano grazie a una serie di regole definite in anticipo e scritte in codice. Una volta soddisfatte le condizioni previste, il contratto si esegue automaticamente.

Esecuzione Automatica: Il grande vantaggio degli smart contract è che, una volta creati, operano senza bisogno di supervisione. Sono trasparenti, poiché chiunque può leggere il codice e verificarne le condizioni.

Ethereum e la Decentralizzazione degli Smart Contract

Ethereum è la piattaforma blockchain più utilizzata per creare smart contract. Diversamente da Bitcoin, che è progettato principalmente come moneta digitale, Ethereum è stato creato per essere una "piattaforma decentralizzata" dove gli sviluppatori possono costruire applicazioni che funzionano sulla blockchain.

Ethereum Virtual Machine (EVM): La "Ethereum Virtual Machine" è il sistema che permette di eseguire smart contract in modo decentralizzato. Questo significa che qualsiasi programma creato su Ethereum è distribuito tra migliaia di computer (nodi) nel mondo.

Ether (ETH): Ether è la criptovaluta di Ethereum, utilizzata per pagare le "commissioni di gas" (ovvero, i costi di esecuzione degli smart contract sulla rete). Ogni volta che si esegue uno smart contract, è necessario pagare una piccola quantità di Ether come compenso per i nodi che supportano la rete.

Applicazioni degli Smart Contract – Dai Prestiti agli NFT

Gli smart contract hanno dato vita a una vasta gamma di applicazioni, molte delle quali sono diventate parte dell'ecosistema Ethereum:

Prestiti e Finanza Decentralizzata (DeFi): Attraverso la DeFi, gli utenti possono richiedere prestiti, effettuare investimenti e guadagnare interessi senza passare attraverso banche o intermediari finanziari.

NFT (Non-Fungible Token): Gli NFT sono certificati digitali che attestano la proprietà di opere d'arte, collezionabili o altri beni digitali. Gli smart contract gestiscono automaticamente l'acquisto, la vendita e il trasferimento di proprietà degli NFT, rendendo possibili mercati digitali decentralizzati.

Assicurazioni e Servizi: Gli smart contract possono essere programmati per gestire polizze assicurative, che pagano automaticamente un risarcimento al verificarsi di determinate condizioni (es. ritardo di un volo).

Vantaggi e Limiti degli Smart Contract

Gli smart contract offrono molti vantaggi, ma presentano anche alcune sfide:

Vantaggi:

Trasparenza: Poiché tutto è visibile nella blockchain, gli smart contract sono estremamente trasparenti.

Sicurezza e Immutabilità: Una volta creato, uno smart contract non può essere modificato, il che riduce il rischio di manipolazione.

Costi Ridotti: Eliminando gli intermediari, gli smart contract permettono di risparmiare sui costi di transazione.

Limiti:

Inesistenza di Flessibilità: Una volta creato, uno smart contract non può essere modificato. Questo significa che eventuali errori o bug nel codice non possono essere corretti.

Dipendenza dal Codice: Poiché i contratti intelligenti operano solo sulla base del codice, una cattiva programmazione può causare problemi.

Commissioni (Gas): Il costo del gas su Ethereum può essere elevato, specialmente quando la rete è molto utilizzata.

Sfida Pratica dell'Episodio

"Immagina di voler creare uno smart contract semplice, come un contratto di prestito. Definisci le regole e le condizioni: ad esempio, l'importo prestato, la data di rimborso e le penalità per il mancato pagamento. Scrivi queste condizioni in linguaggio naturale, come se stessi progettando il codice di uno smart contract. Questo esercizio ti aiuterà a comprendere come funzionano gli smart contract e a familiarizzare con la logica che li guida."

Punti Chiave

- Smart Contract: Programmi informatici che eseguono automaticamente i termini di un contratto senza intermediari.

- Ethereum: La piattaforma blockchain che consente di creare smart contract decentralizzati.

- Applicazioni: Gli smart contract permettono la gestione automatizzata di prestiti, NFT e polizze assicurative, oltre a molte altre applicazioni.

- Vantaggi e Limiti: Gli smart contract offrono trasparenza e sicurezza, ma sono rigidi e costosi da eseguire sulla rete Ethereum.

EPISODIO 9 - LA FINANZA DECENTRALIZZATA (DEFI)

Prestiti, Investimenti e Risparmi senza Banche

Introduzione

La finanza decentralizzata (DeFi) è un'area in rapida crescita del mondo crypto che offre alternative ai servizi bancari tradizionali. Grazie alla DeFi, è possibile prendere prestiti, investire, guadagnare interessi e persino fare trading di strumenti finanziari – tutto senza intermediari come banche o istituzioni. In questo episodio, Marco scoprirà cosa significa operare in un mondo dove la finanza è accessibile a chiunque e ovunque, senza la necessità di una banca centrale.

Narrazione/Storia

Marco era affascinato da come le criptovalute stessero cambiando il modo di fare pagamenti, ma quando scoprì la DeFi, si rese conto che il potenziale era molto più grande. La DeFi permetteva di ottenere prestiti, fare investimenti e risparmiare, tutto tramite smart contract e senza il bisogno di una banca.

Era come una "banca" aperta 24 ore su 24, 7 giorni su 7, accessibile da qualsiasi parte del mondo, e tutto quello che serviva per entrare era un wallet crypto.

Incuriosito, Marco decise di esplorare i servizi offerti dalla DeFi e di capire come questo nuovo sistema potesse trasformare il futuro della finanza.

Parte Educativa

Cos'è la Finanza Decentralizzata (DeFi)?

La DeFi è un ecosistema di servizi finanziari costruito su blockchain, che consente agli utenti di svolgere attività come prestiti, investimenti e risparmi, tutto tramite smart contract e senza intermediari.

Smart Contract: La DeFi si basa su smart contract che eseguono automaticamente le condizioni degli accordi, come un prestito o un pagamento d'interessi. Gli utenti interagiscono con queste piattaforme semplicemente collegando il proprio wallet e autorizzando le transazioni.

Accesso Globale: Uno dei maggiori vantaggi della DeFi è che chiunque, con una connessione internet e un wallet, può accedere a questi servizi, anche chi non ha un conto bancario tradizionale.

Principali Servizi DeFi: Dai Prestiti al Trading

La DeFi offre una vasta gamma di servizi finanziari. Ecco alcune delle principali categorie:

Prestiti e Borrowing: Con la DeFi, puoi prendere prestiti usando come garanzia le tue criptovalute, senza bisogno di un intermediario bancario. Per esempio, puoi "bloccare" i tuoi Ether come garanzia e ricevere in cambio un prestito in una stablecoin.

Staking e Yield Farming: Gli utenti possono "bloccare" le loro criptovalute per ricevere interessi o per partecipare a un'attività chiamata yield farming, in cui prestano i propri fondi a una piattaforma DeFi per ottenere ricompense. È simile a guadagnare interessi su un deposito bancario, ma i tassi di interesse possono essere molto più alti (e più variabili).

Stablecoin: Nella DeFi vengono spesso usate le stablecoin, ovvero criptovalute il cui valore è legato a una valuta stabile come il dollaro. Questo permette agli utenti di evitare la volatilità tipica delle criptovalute.

Exchange Decentralizzati (DEX): I DEX sono piattaforme che consentono di fare trading tra criptovalute direttamente tra utenti, senza passare da un exchange centrale. Uniswap, per esempio, è uno dei DEX più utilizzati e consente di scambiare token su Ethereum in modo totalmente decentralizzato.

Vantaggi e Rischi della DeFi

La DeFi rappresenta una vera e propria rivoluzione per il settore finanziario, ma comporta anche alcuni rischi:

Vantaggi:

Accesso Aperto: Chiunque con un wallet può utilizzare i servizi DeFi, senza necessità di verifiche o approvazioni.

Interessi Elevati: Le piattaforme DeFi offrono spesso tassi di interesse più alti rispetto a quelli delle banche tradizionali.

Trasparenza: Poiché la DeFi si basa sulla blockchain, tutte le transazioni sono trasparenti e accessibili a chiunque.

Rischi:

Volatilità dei Prezzi: Il valore delle criptovalute utilizzate nella DeFi può cambiare rapidamente, e questo può influire sui rendimenti.

Rischio di Perdita di Garanzia: Nel caso di prestiti crypto, se il valore della tua garanzia scende sotto un certo livello, la piattaforma può liquidare la tua posizione, portandoti a perdere i fondi depositati.

Sicurezza degli Smart Contract: Anche se gli smart contract sono programmati per essere sicuri, un errore nel codice o un attacco hacker può compromettere i fondi.

Il Futuro della DeFi – Un'Alternativa alla Finanza Tradizionale?

La DeFi sta crescendo rapidamente e ha il potenziale per trasformare il mondo finanziario come lo conosciamo. Tuttavia, l'incertezza regolamentare e i rischi associati agli smart contract rimangono ostacoli significativi. Marco capisce che, sebbene la DeFi offra grandi opportunità, è necessario un approccio prudente e informato.

Sfida Pratica dell'Episodio

"Esplora una piattaforma DeFi (come Aave, Compound o Uniswap) e prova a capire come funziona. Anche se non effettui transazioni reali, verifica come avviene il processo di prestito o trading decentralizzato. Annota le differenze che trovi rispetto ai servizi bancari tradizionali e pensa ai vantaggi e ai rischi che noteresti se dovessi utilizzarla realmente."

Punti Chiave

DeFi (Finanza Decentralizzata): Sistema finanziario su blockchain, basato su smart contract e accessibile a chiunque con un wallet crypto.

Servizi Offerti: Prestiti, yield farming, stablecoin e trading decentralizzato sono solo alcuni dei servizi disponibili nella DeFi.

Vantaggi: Accesso globale, alti tassi d'interesse e trasparenza.

Rischi: Volatilità, rischio di perdita di garanzia e possibili vulnerabilità degli smart contract.

EPISODIO 10 - PRIVACY E ANONIMATO

La Sfida della Privacy nel Mondo Crypto

Introduzione

Uno degli aspetti più discussi nel mondo delle criptovalute è il tema della privacy. Sebbene Bitcoin sia spesso associato a concetti di anonimato, in realtà la blockchain è un registro pubblico e trasparente, dove ogni transazione è visibile a tutti. In questo episodio, Marco scoprirà come funziona realmente la privacy nelle criptovalute, quali sono i limiti dell'anonimato e quali strumenti sono stati sviluppati per proteggere la riservatezza nelle transazioni crypto.

Narrazione/Storia

Marco aveva sempre pensato che Bitcoin fosse una moneta "anonima", utilizzata spesso per le transazioni private. Tuttavia, quando approfondì l'argomento, scoprì che ogni transazione in Bitcoin è visibile a tutti sulla blockchain. Qualsiasi persona può vedere quanto viene trasferito, da un indirizzo all'altro. Questo lo stupì: come poteva una tecnologia così aperta essere utilizzata per garantire privacy?

Scoprì quindi che esistevano altre criptovalute, come Monero e Zcash, sviluppate appositamente per offrire privacy avanzata. Marco iniziò a interessarsi a come queste tecnologie potessero rispondere alla crescente domanda di riservatezza nelle transazioni digitali.

Parte Educativa

Bitcoin: Una Falsa Percezione di Anonimato?

Anche se Bitcoin è spesso percepito come "anonimo", in realtà è pseudonimo. Questo significa che le transazioni non sono legate a un nome, ma a un indirizzo pubblico, visibile a tutti sulla blockchain. Ecco alcuni punti chiave sulla privacy di Bitcoin:

Trasparenza della Blockchain: Ogni transazione effettuata sulla rete Bitcoin è registrata pubblicamente. Chiunque può accedere alla blockchain e vedere la cronologia delle transazioni, anche se gli indirizzi non sono legati a nomi reali.

Pseudonimia: Gli utenti di Bitcoin utilizzano indirizzi che non sono legati direttamente alla loro identità. Tuttavia, se qualcuno scopre l'identità dietro un indirizzo, può tracciare tutte le transazioni associate a quell'indirizzo.

Criptovalute per la Privacy – Monero e Zcash

Per rispondere alla crescente richiesta di privacy, alcune criptovalute sono state progettate appositamente per garantire l'anonimato delle transazioni. Le due più note sono Monero e Zcash:

Monero (XMR): Monero utilizza tecniche di crittografia avanzata per nascondere l'importo delle transazioni e l'identità dei partecipanti. Con Monero, è impossibile vedere i dettagli delle transazioni sulla blockchain pubblica, garantendo un livello di privacy molto elevato.

Zcash (ZEC): Zcash offre due tipi di transazioni: quelle trasparenti, visibili a tutti, e quelle schermate, che utilizzano la tecnologia zk-SNARKs (Zero-Knowledge Succinct Non-Interactive Argument of Knowledge) per proteggere i dati. Le transazioni schermate offrono un'elevata privacy, nascondendo mittente, destinatario e importo.

Strumenti di Privacy su Bitcoin

Sebbene Bitcoin non offra privacy totale, esistono alcuni strumenti e metodi che gli utenti possono utilizzare per migliorare la loro riservatezza:

CoinJoin: CoinJoin è una tecnica che combina le transazioni di più utenti in una sola transazione, rendendo difficile per gli osservatori capire chi ha inviato fondi a chi.

Wallet con Privacy Integrata: Alcuni wallet Bitcoin, come Wasabi e Samourai, offrono funzionalità di privacy avanzata, come CoinJoin o indirizzi che cambiano per ogni transazione, aumentando la difficoltà di tracciamento.

Reti di Livello 2: Esistono anche soluzioni come la Lightning Network, che operano sopra la blockchain Bitcoin e consentono transazioni rapide e private, con meno informazioni visibili sulla blockchain principale.

Il Dilemma della Privacy e della Trasparenza

La privacy nel mondo delle criptovalute solleva questioni etiche e legali. Da una parte, esiste il diritto alla riservatezza e alla protezione dei dati personali. Dall'altra, però, i governi e le autorità temono che la privacy totale possa favorire attività illecite. Marco capisce che trovare un equilibrio tra privacy e trasparenza è una delle grandi sfide del futuro delle criptovalute.

Sfida Riflessiva dell'Episodio

"Immagina di dover scegliere tra usare una criptovaluta totalmente trasparente, come Bitcoin, e una criptovaluta privacy-focused, come Monero. Pensa a quali scenari e situazioni potrebbero portarti a scegliere una o l'altra. Scrivi le tue riflessioni su come la privacy potrebbe influire sulla tua esperienza di utente e sulle tue decisioni di utilizzo."

Punti Chiave

- Privacy di Bitcoin: Bitcoin è pseudonimo, ma non anonimo; tutte le transazioni sono visibili pubblicamente.

- Criptovalute per la Privacy: Monero e Zcash sono progettate per garantire anonimato e riservatezza avanzati.

- Strumenti di Privacy su Bitcoin: CoinJoin, wallet con funzionalità di privacy e la Lightning Network possono migliorare la riservatezza su Bitcoin.

- Dilemma Etico: L'equilibrio tra privacy e trasparenza è una questione fondamentale nel mondo delle criptovalute.

EPISODIO 11 - CRIPTOVALUTE E GOVERNI

Il Futuro della Moneta e le CBDC

Introduzione

Le criptovalute sono spesso considerate una sfida alle valute tradizionali, e non sorprende che molti governi stiano cercando di regolamentarle o addirittura di creare le proprie versioni digitali, chiamate valute digitali delle banche centrali (CBDC). In questo episodio, Marco esplorerà come le criptovalute stiano influenzando il panorama monetario globale, scoprendo le reazioni dei governi e l'evoluzione delle valute digitali centralizzate.

Narrazione/Storia

Marco aveva ormai imparato molto sulle criptovalute, ma una domanda lo incuriosiva: come stavano reagendo i governi di tutto il mondo a questa nuova forma di moneta? Fece una ricerca e scoprì che le reazioni dei vari paesi erano molto diverse: alcuni stati abbracciavano le criptovalute, altri le vedevano come una minaccia, e alcuni stavano persino sviluppando le proprie versioni digitali.

Scoprì così le CBDC – valute digitali emesse dalle banche centrali – che promettevano i vantaggi delle criptovalute ma con il controllo centralizzato di un governo. Il concetto lo colpì: cosa sarebbe successo se le banche centrali potessero monitorare e gestire direttamente le transazioni digitali dei cittadini? Marco capì che l'avvento delle CBDC avrebbe cambiato per sempre il modo in cui pensiamo alla moneta e alla privacy.

Parte Educativa

Perché i Governi Sono Interessati alle Criptovalute?

Le criptovalute offrono vantaggi come la velocità e la riduzione dei costi nelle transazioni internazionali, ma rappresentano anche una sfida per i governi e le banche centrali, poiché riducono il controllo centralizzato sulla moneta. Alcuni dei motivi principali per cui i governi stanno prestando attenzione alle criptovalute includono:

Rischi per il Sistema Finanziario Tradizionale: Le criptovalute permettono alle persone di trasferire valore senza passare attraverso il sistema bancario tradizionale, potenzialmente riducendo il potere delle banche centrali.

Preoccupazioni per l'Evasione Fiscale e il Riciclaggio: Poiché le criptovalute offrono un certo livello di anonimato, i governi temono che possano essere utilizzate per attività illecite o per eludere il pagamento delle tasse.

Opportunità di Innovazione: Alcuni governi, invece, vedono le criptovalute come un'opportunità per migliorare l'efficienza e attrarre innovazione finanziaria.

Cosa Sono le CBDC (Central Bank Digital Currencies)?

Le valute digitali delle banche centrali (CBDC) sono versioni digitali delle valute tradizionali (come l'euro o il dollaro) emesse e gestite dalle banche centrali. A differenza delle criptovalute decentralizzate, le CBDC sono controllate da un'autorità centrale e potrebbero rappresentare un nuovo strumento di politica monetaria.

Come Funzionano: Le CBDC sono basate su una tecnologia simile alla blockchain, ma centralizzata, permettendo alla banca centrale di monitorare e gestire ogni transazione.

Obiettivi delle CBDC: Le CBDC sono progettate per rendere i pagamenti digitali più veloci e sicuri, ridurre i costi di transazione e aumentare il controllo sulla politica monetaria. Inoltre, offrono la possibilità di includere funzionalità per contrastare il riciclaggio di denaro e facilitare la riscossione delle imposte.

CBDC vs. Criptovalute Decentralizzate

Sebbene entrambe siano valute digitali, le CBDC e le criptovalute decentralizzate come Bitcoin sono fondamentalmente diverse:

Controllo: Le CBDC sono emesse e controllate da un'autorità centrale (la banca centrale del paese), mentre le criptovalute sono decentralizzate e non hanno un singolo ente di controllo.

Privacy: Le transazioni in criptovalute possono offrire un certo livello di anonimato. Al contrario, con le CBDC, le banche centrali potrebbero avere accesso a tutte le transazioni, aumentando la possibilità di monitorare i cittadini.

Stabilità: Le CBDC sono ancorate al valore della valuta nazionale, mentre il valore delle criptovalute decentralizzate può essere altamente volatile.

Il Futuro delle CBDC e le Implicazioni per i Cittadini

Le CBDC offrono vantaggi come transazioni più rapide e un maggiore controllo sulla politica monetaria. Tuttavia, possono anche sollevare questioni sulla privacy e sul controllo governativo. Marco si chiede come potrebbe cambiare la società se tutte le transazioni fossero monitorate da un'unica entità, come una banca centrale.

Vantaggi delle CBDC: Le CBDC possono ridurre il rischio di frodi e consentire pagamenti più efficienti. Possono inoltre facilitare l'accesso ai servizi finanziari per chi non ha un conto bancario.

Rischi per la Privacy: Un sistema di valuta digitale centralizzato potrebbe ridurre la privacy dei cittadini, rendendo possibili forme di controllo sulle abitudini di spesa. Marco si domanda se i benefici superino i rischi e come i cittadini possano tutelare la loro privacy.

Sfida Riflessiva dell'Episodio

"Immagina di vivere in un paese dove la valuta principale è una CBDC controllata dalla banca centrale. Pensa a come cambierebbero le tue abitudini di spesa e la tua privacy finanziaria. Scrivi una breve riflessione su come ti

sentiresti e su cosa potrebbe significare per la libertà personale avere una moneta digitale controllata da un governo."

Punti Chiave

- CBDC (Central Bank Digital Currencies): Versioni digitali delle valute tradizionali, emesse e controllate dalle banche centrali.

- Differenze con le Criptovalute: Le CBDC sono centralizzate e stabili, mentre le criptovalute sono decentralizzate e spesso volatili.

- Vantaggi e Rischi delle CBDC: Offrono vantaggi come velocità e accessibilità, ma sollevano preoccupazioni riguardo alla privacy e al controllo governativo.

- Implicazioni per il Futuro: L'avvento delle CBDC potrebbe cambiare radicalmente il rapporto tra cittadini e sistema finanziario.

EPISODIO 12 - VERSO IL WEB 3.0

La Blockchain e il Futuro di Internet

Introduzione

Il Web 3.0 è la prossima generazione di internet, che mira a essere più decentralizzata, sicura e controllata dagli utenti. In questo episodio, esploreremo insieme a Marco come la blockchain potrebbe trasformare internet, rendendolo un luogo in cui i dati e le interazioni sono gestiti dagli utenti, e non dalle grandi aziende. Scopriremo cosa si intende per Web 3.0, quali sono le sue applicazioni e come questa evoluzione potrebbe cambiare il nostro modo di vivere online.

Narrazione/Storia

Marco aveva appreso molte cose sulle criptovalute e sulla blockchain, ma quando sentì parlare di Web 3.0, si rese conto che queste tecnologie stavano iniziando a trasformare non solo la finanza, ma internet stesso. I suoi amici gli raccontarono di una nuova generazione di applicazioni che non erano controllate da aziende come Google o Facebook, ma dagli utenti stessi.

Scoprì che, grazie alla blockchain, era possibile costruire applicazioni completamente decentralizzate, dove i dati e le interazioni erano protetti e privati. Marco iniziò a immaginare un internet diverso, dove non si è solo spettatori, ma anche partecipanti attivi e consapevoli, in cui i propri dati sono al sicuro.

Parte Educativa

Cos'è il Web 3.0?

Il Web 3.0 è una nuova visione di internet, che punta a essere decentralizzato e più democratico. Al contrario del Web 2.0, dominato da piattaforme centralizzate (come social media e grandi motori di ricerca), il Web 3.0 vuole restituire agli utenti il controllo sui loro dati e le loro identità digitali.

Decentralizzazione: Il Web 3.0 è costruito su reti decentralizzate, come la blockchain, che eliminano il bisogno di server centrali e consentono agli utenti di interagire direttamente tra loro.

Sicurezza e Privacy: Uno degli obiettivi principali del Web 3.0 è proteggere la privacy degli utenti, limitando l'accesso ai dati personali da parte di grandi aziende e istituzioni.

Possesso dei Dati: Con il Web 3.0, ogni utente è proprietario dei propri dati e può decidere se condividerli e con chi.

Le Applicazioni Decentralizzate (dApp)

Una delle componenti principali del Web 3.0 sono le dApp (applicazioni decentralizzate), ovvero app che funzionano su blockchain o su reti peer-to-peer, invece che su server centralizzati.

Come Funzionano: Le dApp utilizzano smart contract per eseguire operazioni automaticamente. Sono open source e operano senza un singolo punto di controllo, il che significa che nessuno può censurarle o manipolarle.

Esempi di dApp: Ci sono dApp per vari usi, tra cui social network (come Mastodon), giochi (come Axie Infinity), e persino piattaforme di prestito e trading. Queste app funzionano in modo trasparente e consentono agli utenti di avere il pieno controllo delle loro interazioni.

Identità e Privacy nel Web 3.0

Nel Web 3.0, ogni utente possiede una identità digitale decentralizzata, controllata da lui stesso. Questo significa che non è necessario registrarsi con e-mail e password su ogni piattaforma, ma si può usare un'unica identità verificata dalla blockchain.

Self-Sovereign Identity (SSI): Questo concetto si riferisce alla capacità dell'utente di gestire la propria identità in modo indipendente, senza affidarsi a terze parti. Ad esempio, con un'identità SSI, Marco potrebbe dimostrare la sua identità per accedere a servizi online senza fornire informazioni sensibili.

Protezione dei Dati: Grazie alla blockchain, è possibile garantire che i dati personali siano protetti e accessibili solo con il consenso dell'utente.

NFT e Contenuti Digitali

Nel Web 3.0, gli NFT (Non-Fungible Tokens) permettono agli utenti di possedere e scambiare beni digitali, come opere d'arte, musica o contenuti esclusivi. Questo porta nuove possibilità di monetizzazione per i creatori di contenuti, senza la necessità di piattaforme intermediarie.

Possesso e Monetizzazione dei Contenuti: Gli artisti e i creatori possono vendere i loro contenuti direttamente ai fan sotto forma di NFT, ricevendo pagamenti diretti senza passare per piattaforme centralizzate.

Esempio: Marco scopre che alcuni musicisti indipendenti vendono brani musicali come NFT, offrendo ai fan la possibilità di possedere una versione unica della loro musica.

Vantaggi e Sfide del Web 3.0

Il Web 3.0 offre molte opportunità, ma porta anche alcune sfide:

Vantaggi:

Maggiore Privacy e Sicurezza: Gli utenti hanno il controllo dei loro dati e delle loro identità digitali.

Indipendenza dalle Piattaforme: Gli utenti non dipendono dalle grandi piattaforme centralizzate, ma possono utilizzare reti peer-to-peer.

Monetizzazione Diretta per i Creatori: Con gli NFT e le dApp, i creatori di contenuti possono monetizzare direttamente il loro lavoro, senza intermediari.

Sfide:

Difficoltà di Accesso: Al momento, il Web 3.0 richiede una certa competenza tecnica; quindi, non è ancora accessibile a tutti.

Scalabilità e Costi: Le reti decentralizzate possono essere lente e costose, soprattutto quando c'è molta attività. Migliorare la scalabilità è uno dei principali obiettivi degli sviluppatori.

Rischi per la Sicurezza: Le dApp e gli smart contract possono avere vulnerabilità di sicurezza. Per evitare perdite, è necessario fare attenzione e verificare l'affidabilità delle piattaforme.

Sfida Riflessiva dell'Episodio

"Immagina di vivere in un mondo in cui il Web 3.0 è diventato lo standard di internet. Pensa a come cambierebbero le tue abitudini online, come la gestione della tua identità, la privacy e la proprietà dei contenuti digitali. Scrivi le tue riflessioni: ti sentiresti più sicuro in questo tipo di internet, e quali aspetti ti sembrano i più vantaggiosi o complessi?"

Punti Chiave

- Web 3.0: La nuova generazione di internet, decentralizzata e basata sulla blockchain, dove gli utenti hanno il controllo sui propri dati.

- dApp: Applicazioni decentralizzate che operano su reti blockchain e non sono controllate da un singolo ente.

- Self-Sovereign Identity (SSI): Identità digitale indipendente, che l'utente gestisce autonomamente, senza piattaforme centralizzate.

- NFT e Monetizzazione: Gli NFT permettono ai creatori di contenuti di vendere e monetizzare il loro lavoro senza intermediari.

EPISODIO 13 - CONSIDERAZIONI FINALI E IL FUTURO DELLE CRIPTOVALUTE

Prepararsi al Prossimo Capitolo

Introduzione

In questo capitolo conclusivo, Marco riflette sul viaggio che ha compiuto nel mondo delle criptovalute e della blockchain. Partito con poche conoscenze, ha scoperto un intero universo: dalle monete digitali alla blockchain, dagli smart contract alla finanza decentralizzata. In questo episodio, vedremo cosa significa entrare a far parte della comunità crypto in modo consapevole e quali sono i prossimi passi per chi vuole approfondire e restare al passo con questa tecnologia in continua evoluzione.

Narrazione/Storia

Marco si trovava a un punto di svolta. Aveva appreso nozioni di cui non conosceva nemmeno l'esistenza e si sentiva pronto a proseguire questo viaggio. Sapeva che, come in ogni nuova avventura, le criptovalute e la blockchain comportavano rischi, ma anche enormi potenzialità.

Mentre rifletteva sul suo percorso, si rendeva conto di come il mondo crypto fosse simile a una comunità: fatta di sperimentazione, libertà e una buona dose di pazienza. Era entusiasta di continuare a esplorare, sapendo che avrebbe potuto contribuire alla crescita di questa tecnologia innovativa.

Parte Educativa

Principi Fondamentali del Mondo Cripto

Prima di concludere il viaggio, ripassiamo i concetti fondamentali che chiunque voglia avvicinarsi al mondo delle criptovalute dovrebbe tenere sempre a mente:

Educazione Continua: Le criptovalute sono una tecnologia complessa e in continua evoluzione. Investire tempo nell'educazione è il miglior modo per prendere decisioni informate.

Sicurezza: La sicurezza dei propri fondi è cruciale. La gestione sicura di wallet, chiavi private e piattaforme affidabili rimane essenziale per proteggersi.

Autonomia: Uno dei principi cardine delle criptovalute è la responsabilità individuale. In un sistema decentralizzato, non c'è una banca o un supporto tecnico da chiamare: ogni utente è responsabile dei propri fondi e delle proprie decisioni.

Comunità e Opportunità di Apprendimento

Parte dell'affascinante mondo crypto è la sua comunità globale, che è sempre attiva nel condividere risorse, guidare i nuovi arrivati e sperimentare nuove tecnologie. Ecco alcuni modi per restare connessi e aggiornati:

Forum e Social Media: Esistono forum e piattaforme social (come Twitter e Reddit) in cui esperti e principianti discutono delle ultime novità e dei progetti emergenti.

Corsi Online e Webinar: Molte università e piattaforme di formazione online offrono corsi e webinar sulle criptovalute e la blockchain. Marco scopre che questo è un modo perfetto per mantenere le conoscenze aggiornate.

Eventi e Conferenze: La partecipazione a conferenze e incontri sul mondo crypto (sia online che dal vivo) permette di entrare in contatto con professionisti, imparare dalle loro esperienze e scoprire le ultime tendenze.

Progetti Futuri e Aree in Espansione

Marco ha imparato che la blockchain è solo l'inizio di una rivoluzione che coinvolgerà diversi settori. Ecco alcune delle aree emergenti che rappresentano il futuro delle criptovalute e della tecnologia decentralizzata:

Finanza Decentralizzata (DeFi): La DeFi continuerà a espandersi, con nuove applicazioni e progetti che offriranno servizi finanziari innovativi e accessibili a tutti.

NFT e Metaverso: Gli NFT si stanno evolvendo oltre il mercato dell'arte, trovando applicazioni in giochi, diritti d'autore e identità digitale. Il Metaverso, uno spazio virtuale condiviso, è un'altra area di crescita legata alla blockchain e agli NFT.

Governance Decentralizzata (DAO): Le organizzazioni autonome decentralizzate (DAO) stanno guadagnando terreno, permettendo alle persone di creare progetti e prendere decisioni collettive in modo trasparente e democratico.

Sostenibilità e Blockchain Green: Con la crescente consapevolezza ambientale, molti progetti blockchain stanno adottando modelli sostenibili come il Proof of Stake per ridurre l'impatto ecologico.

Prepararsi ai Prossimi Passi

Infine, Marco riflette su alcuni consigli pratici per chi vuole proseguire questo percorso:

Diversificazione: Investire in criptovalute non significa necessariamente puntare tutto su una sola moneta. Diversificare tra vari asset (es. Bitcoin, Ethereum, stablecoin, ecc.) aiuta a bilanciare il rischio.

Uso Responsabile della Tecnologia: La decentralizzazione offre libertà, ma richiede anche responsabilità. Utilizzare la tecnologia crypto con prudenza e consapevolezza è fondamentale per evitare rischi inutili.

Restare Aggiornati: Il mondo crypto è in continua evoluzione, e ciò che è rilevante oggi potrebbe non esserlo domani. Essere informati è il miglior modo per navigare in sicurezza in questo spazio.

Sfida Riflessiva dell'Episodio

"Scrivi una riflessione personale sul viaggio che hai compiuto finora nel mondo delle criptovalute. Quali aspetti ti hanno colpito di più? Quali pensi che saranno i tuoi prossimi passi? Rifletti su come questa esperienza potrebbe influire sul tuo modo di vedere la finanza, la tecnologia e l'autonomia personale."

Punti Chiave

- Educazione e Sicurezza: Continuare a imparare e rimanere attenti alla sicurezza dei propri fondi.

- Comunità e Collaborazione: Il mondo crypto è una comunità aperta, dove è possibile imparare dagli altri e condividere esperienze.

- Aree di Espansione: La DeFi, gli NFT, le DAO e la sostenibilità sono settori in rapida crescita che rappresentano il futuro delle criptovalute.

- Approccio Responsabile: Usare la tecnologia con consapevolezza e mantenere un atteggiamento prudente nel prendere decisioni finanziarie.

CONCLUSIONE

Questo libro ha rappresentato una guida introduttiva al mondo delle criptovalute e della blockchain, un settore che è ancora giovane ma già ricco di innovazioni. Dall'acquisto del primo Bitcoin alla scoperta della DeFi, fino all'avvento del Web 3.0, abbiamo esplorato tecnologie che hanno il potenziale di trasformare profondamente il nostro rapporto con la moneta, la privacy e la finanza.

Ricorda, però, che questo viaggio è appena iniziato. La blockchain e le criptovalute stanno evolvendo rapidamente e riservano nuove scoperte a chi decide di continuare l'esplorazione. Informarsi, seguire i cambiamenti e partecipare attivamente alla comunità sono passi essenziali per comprendere appieno il potenziale di questa rivoluzione.

Che tu scelga di investire, sviluppare nuove applicazioni o semplicemente rimanere aggiornato, il mondo cripto ti offrirà sempre qualcosa di nuovo. Tieni alta la tua curiosità, resta vigile e continua ad apprendere. Buona fortuna e benvenuto nella comunità cripto!

Glossario dei Termini

Ecco una selezione dei termini principali che abbiamo incontrato nel libro:

Blockchain: Registro digitale distribuito e immutabile che collega i blocchi di dati in una catena.

Bitcoin (BTC): La prima criptovaluta decentralizzata, basata su blockchain e creata da Satoshi Nakamoto.

Wallet: Un portafoglio digitale che contiene le chiavi private necessarie per accedere alle criptovalute.

Chiave Privata: Codice segreto che permette di accedere ai fondi nel wallet; deve essere protetto con cura.

DeFi (Finanza Decentralizzata): Ecosistema finanziario basato su blockchain che offre servizi come prestiti e trading senza banche.

Smart Contract: Programma che esegue automaticamente i termini di un contratto; è alla base delle dApp.

Ethereum (ETH): Blockchain famosa per supportare gli smart contract e le dApp (applicazioni decentralizzate).

Mining: Processo di validazione delle transazioni che avviene risolvendo complessi problemi matematici.

NFT (Non-Fungible Token): Token unico che rappresenta un bene digitale, come un'opera d'arte o un collezionabile.

CBDC: Valuta digitale emessa da una banca centrale, simile a una criptovaluta ma controllata da un'autorità centrale.

Proof of Work (PoW): Meccanismo di consenso usato in blockchain come Bitcoin, basato sul calcolo computazionale.

Web 3.0: La prossima generazione di internet, decentralizzata e basata su blockchain, che mira a dare agli utenti maggiore controllo.

Risorse e Letture Consigliate

Siti Web e Notizie:

CoinDesk: Notizie e analisi su blockchain e criptovalute.

CoinMarketCap: Piattaforma per monitorare il valore e l'andamento delle criptovalute.

Ethereum.org: Sito ufficiale di Ethereum, con risorse utili per gli sviluppatori.

Libri:

Mastering Bitcoin di Andreas Antonopoulos – Per una comprensione più tecnica e approfondita di Bitcoin.

The Bitcoin Standard di Saifedean Ammous – Una prospettiva economica e storica di Bitcoin.

Blockchain Basics di Daniel Drescher – Per chi cerca un'introduzione semplice e accessibile alla blockchain.